몸에서 빠져나간 봄이

몸에서
빠져나간
봄이

신덕엽 제18시집

세종출판사

- 서문 -

또 한 권의 시집을 엮으려
파지를 가려내고
오자를 찾고
말과 행을 다듬는 동안
반짝 머물다 떠날
가을이 다가왔다

석류가 익고
익으면서 저물고

벌써 십일월
또 한 해가 돌아서고 있다

이천이십사년, 어느 바람 시린 날
신덕영

차례

5 서문

1부

15 풋사랑
16 우문현답2
17 방울
18 사연 셋
19 호박전
20 로댕의 '생각하는 사람'에게
21 8
22 갈림길에서
23 내 삶이 영화
24 단상 둘
25 사라지는 것들
26 봄, 그리고 화두
27 절망을 빠져나오다
28 화두 아닌 화두
29 소중한 하루
30 반성문6
31 허상의 무게
32 무슨 수로
33 앉은뱅이꽃

고옥　*34*
몸에서 빠져나간 봄이　*35*
말없음표(……)　*36*
정관, 봉안당에서　*37*
저녁에 까치가 울다　*38*
나목에게 묻다　*39*
거미줄　*40*
전철 속에서5　*41*
엉거주춤　*42*
믿음에 대하여　*43*
어리석음에게　*44*
관절　*45*
그림자3　*46*
망향　*47*
시, 인공호흡　*48*
흠　*49*
바느질을 하며　*50*
별자리　*51*
무시하다　*52*
외곽에서　*53*
열애　*54*
만추2　*55*
모정　*56*

2부

- *59* 병과 병
- *60* 슬픈 거짓
- *61* 고독
- *62* 스냅 셋
- *63* 미로
- *64* 장인
- *65* 어머니의 장롱
- *66* 나이
- *67* 고백
- *68* 모자와 신발을 은유하다
- *69* 낭만
- *70* 미망
- *71* 풍경6
- *72* A4용지
- *73* 찌꺼기에 영양분이 많다
- *74* 몸살
- *75* 오랜 의자
- *76* 비가8
- *77* 가시거리 그리고 역행
- *78* 산불
- *79* 계단2
- *80* 동지 즈음

신을 신으며 *81*
우체국에서 *82*
무화과2 *83*
아침 *84*
도둑고양이 *85*
심력 0.1 *86*
덜컥 *87*
공3 *88*
인생을 짓다 *89*
안개 자욱한 날 *90*
석류를 읽다 *91*
플라스틱 시대 *92*
헹가래 *93*
폭 *94*
감자에 싹이 돋다 *95*
나목2 *96*
개에 대한 기억 *97*
호명 아닌 오명 *98*
아스팔트가 길을 덮다 *99*
팽이3 *100*
전화를 끊고 나서 *101*

3부

- *105* 알몸끼리 낯설다
- *106* 새에게
- *107* 발바닥
- *108* 바나나
- *109* 미
- *110* 난 감
- *111* 일기8
- *112* 화해하는 법
- *113* 오직
- *114* 도마와 칼
- *115* 명함
- *116* 용수철(spring)
- *117* 술상머리에서
- *118* 길에서 길을 보다
- *119* 핀
- *120* 종이학
- *121* 그새
- *122* 여름감기를 앓으며
- *123* 어느 맑은 날
- *124* 지금 이것도 - 절망에 빠진 사람에게 -
- *125* 진실이 억울하다

성급히 버리지 말 것 126
쓸쓸함에 대하여 127
이팝 피어날 적 128
춘분 지나서 129
황혼에3 130
만가8 131
슬픈 가로등 132
초가을 133
가을 길목에서 134
비가9 135
비 퍼붓는 날 136
자할 137
초대장 138
오월 139
꽃에게 140
장미의 고백 141
어감처럼 142
막장드라마 143
겨울억새에게 144
느슨해진다는 것 145

| 후기 | 146

1부

풋사랑

수식어가 그대를
무안하고 부끄럽게 하더라도
장식 하나쯤은
달아 드리고 싶습니다

그대는 꽃
'안개'꽃

우문현답2

호박 줄기에
호박 여럿 달렸다

유독 덩치 큰 녀석
나날이 살이 찌고
그 곁에 약골
나날이 여윈다

둘에게 묻는다
너는 네 형 것마저 뺏어 먹는 거니?
너는 네 아우를 먹여 살리려고 굶는 거니?

못 알아들었는지
답을 못하는지
묵묵부답

조용히
서녘 하늘 가리키며
지는 해 따라
갈 길 간다

방울

네모난 걸 봤니
무거운 걸 봤니
시끄러운 걸 봤니
떨어진 걸 봤니
오래 머무적거리는 걸 봤니

둥글고
가볍고
조용하고
허공을 품고
깨끗이 스러지는

물방울 비눗방울
이슬방울 빗방울

방울 소리는
또 얼마나 청량하니

내 목숨도
삶의 방울이면 좋겠어.

사연 셋

1.
우연히 만나기는 먼 당신
기약하여 만나기는 더욱 더 먼 당신

2.
그대가 무심하여
쓸쓸한 게 아니라
내가 그대를 사랑하여
쓸쓸하다

그렇다고 나더러
사랑하지 말라고
위로하지 마라
더 쓸쓸하다

3.
사랑해서는 안 될 남자를 사랑하는
그대는 죄 없다

사랑하지 않는 아내를 사랑하는 척 동침하는
그 남자가 불륜이다

호박전

호박을 채로 썰어
밀가루 소금 섞어 걸쭉하게 풀어놓고
마지막 남은 호박꼭지에 참기름 듬뿍 묻혀
뒤집어 달군 솥뚜껑에 골고루 칠하곤
반죽을 한 국자 그득 떠서
골고루 깔아 느긋이 구운
호박전처럼

삶을 맛있게 익히고 싶다
버릴 것 없이
삶의 꼭지까지 살고 싶다

로댕의 '생각하는 사람'에게

이제 머리를 드세요
일어나서 걸으세요
무얼 그리 심각하게 생각하세요
턱을 괸 손이 저리지 않나요
허리가 아프지도 않나요

그대는 생각만 하다가
동상이 되어 버렸어요
실천하지 못하는 철학이
그대 몸을 가두어
한 치도 움직이지 못하는
관념이 되어버렸어요

누군가 그대를 깊이 사랑하여
추상같은 화두를 던진다면
벌떡 일어날까요

사랑과 화두가 변질한
부정부패의 시대일망정
그대는 언제쯤 죽비를 얻어맞고
화들짝 무릎을 세울까요

그대 스스로 죽비가 되어
만행을 떠나듯
세상 속으로 내려올른지요.

8

팔자(8)를 눕히면
무한대(∞)

사람 팔자 알 수 없는 거

서 있고
드러눕는
차이

살고 죽는
인생

무한히 이어지는.

갈림길에서

엇갈리다가 갈라선다
빗나가다가 나가버린다

의심하지 말라
투정하지 말라

이별은
보이지 않는 균열
소리 없는 틈

엿보다가 보지 못한다
엿듣다가 듣지 못한다

눈 크게 떠라
귀 활짝 열어라

사랑은
균열을 품는 너비
틈을 견디는 깊이.

내 삶이 영화

보고 싶은 영화가 줄어들고
볼 영화가 드물다
섹스 장면은 지겹고
총칼이 난무하는 활극은 잔인하고
멜로드라마는 막장이고
코미디는 싱겁고
SF는 황당하고
역사극은 의심스러워
채널을 이리저리 바꾸면서
화면을 열었다 닫았다
한 영화를 끝까지 보지 못한다

오직 집중할 수밖에 없는 영화는
내가 주인공이고
주인공을 바라보는
내가 관객인 무대

만들어낸 이야기보다
더 슬프고 웃기는 실화

연출가와 감독 대신
삶이 한 사람의 생애를 풀어내는

나는 지금
나를 조명하는
다큐에 몰두 중.

단상 둘

1. 빛과 그림자

이란성 쌍둥이
하나는 색을 입고
하나는 어둠을 걸친.

2. 나비와 꽃

엇갈리는 사랑
하나는 자유를
하나는 구속을 꿈꾸는.

사라지는 것들

아파트 단지를 그리라 하니
아파트엔 단지가 없어요, 라며
머리를 긁적이는 아이

그렇지
단지는 마당에 있었지
간장 된장 고추장 단지들이
옹기종기 모여 있었지
채송화 봉선화도 웃고 있었지

좁은 베란다에는
화분들 웅크리고 앉았고
빨랫대에 빨래들 감질나게
바람 햇살 불러들이고
빛바랜 탁자가 우두커니 서 있고
낡은 슬리퍼들이 굴러다니고 있지

아파트 단지는 모르면서
장독간 단지를 기억하는 아이는
시골에서 이사 온 촌놈.

봄, 그리고 화두

말에 걸리지 않아서
말씀이 짧다
말씀에도 걸리지 않아서
침묵이 깊다
침묵에도 걸리지 않아서
묻는 한 마디

거기도 매화가 피었나요?

절망을 빠져나오다

길을 내려고
산을 뚫었다

입출구가 둘
샛길은 없고
직진만 허용하는

우회전 좌회전을 못하고
유턴도 못하여
멈춤 없이 달려가야만 하는

쭉 뻗은 길

어둑하고
풍경 한 점 없어도
산 너머 마을을 가까이 당겨주는
외길

그대가 빠져나가야 할
어둠의 길목

긴 터널을 지난 후
환한 거리.

화두 아닌 화두

세상에는 온갖 말들이 떠돈다

그 중
백 프로 정확하고
궤변으로 바꿀 수 없고
수식어가 필요 없고
주어와 술어만으로도 꽉 차고
뜻이 깊고
슬프고 헛헛하고
두렵기도 하고
시든 삶을 화들짝 깨우는
단 한 줄의 문장

- 사람은 죽는다.

소중한 하루

귀하여
산삼 한 뿌리가
행운

밭에서 키운 인삼
산삼과 성분이 그다지 다르지 않지만
귀하지 않다

그러나

이 곳 저 곳 널려 있는
아무나 볼 수 있는
흔하여 그저 지나치는
일상
그것이 산삼인 걸

날마다 삶의 뿌리를 헤쳐
잔뿌리 한 올까지 소중히 곱씹으며
환호하는 그대

어제 산삼을 캐고
오늘도 캐고
내일도 캘

심봤다!

반성문6

서면 전철역 7번 출구에
줄 서 기다리던 사람들이
도착한 엘리베이터 속으로
하나 둘 들어가고
거의 꽉 차서
들어갈까 말까 망설이니
젊은 아낙이 어서 타라고 손짓하며
틈을 내어준다

또 어느 날은
들어갈 틈이 보여
비집고 들어가려 하니
한 노인이 심술궂게 가로막는다
- 꽉 찼소. 다음에 타소

어떻게 늙어가야 하는지를
배우는 날
나를 들여다본다

아집과 고집, 욕심이 가득 찼다
그 노인이 들어앉아 있었다

허상의 무게

쿵!
소리가 나서
뒤돌아보니

의자에 걸쳐 두었던 겉옷이
바닥으로 떨어졌다

얇고 가벼운 그것의
무게가 그리도 크다니

벗어둔
껍데기가 무거워
뒤돌아볼 때가 많다

무슨 수로

바다를 끌고 오는 파도와
맞서 부딪치겠다니
무슨 수로?

지구 한 바퀴 돌고 온 바람을
뒤집고 꺾겠다니
무슨 수로?

수백 년을 건너온 고목보다
더 깊이 뿌리를 내리겠다니
무슨 수로?

무수한 광년 속에 빛나는
별보다 더 반짝이겠다니
무슨 수로?

이미 떠난 세월을
곁에 붙잡아 두겠다니
무슨 수로?

한통속인 생사를
따로 갈라놓겠다니
무슨 수로?

무슨 수로
삶의 무리수를 뛰어넘을까.

앉은뱅이꽃

부처님 발아래 무릎 꿇고
자식들 복을 빌던 노모
주름진 손으로 아직도
시린 발 데워주느라
허리 접고 계실까

어느 날 꿈속에 나타난 어머니
등이 더 굽었다

굽고 굽어
키 작은 꽃으로 환생하셨을까

호젓한 길가에 나앉아
웅크린 채 바람을 견디고 있는
낮은 꽃 한 송이.

고옥

기둥 낡고 푸석하다
땡볕과 비바람이 엉켜 눌어붙은
벽은 군데군데 뜯겨나갔고
창틀이 삐걱거린다
지붕은 금방 허물어질 듯

대문 언저리
어지러운 잡초 틈서리에
메꽃 한 송이

꽃을 내리누를까봐
가까스로 등뼈를 가누고 있는
오랜 집 한 채

시든 세월이
사랑 하나로 버티고 있다

몸에서 빠져나간 봄이

도심의 거리 한 켠 벤치에서
누군가를 기다리는 노인
먼발치에서 활짝 핀
벚꽃을 바라본다
눈이 부시는지 손그늘을 만들며

한동안 그러다가
시든 몸을 일으켜
나무 아래로 들어간다
둥치를 쓰다듬고
손닿지 않는 꽃은
애틋이 쳐다만 본다

구부정히 벤치로 돌아와
방금 만나고 온 벗을
다시 바라본다

벗이 오랜 벗이듯
옛 연인이듯
잠시 해후하는 동안
기다리는 사람 오고
그 사람에게
저기 봄이 만발했다고
손짓한다

말없음표(......)

모든 반어가 담겨 있다
긍정과 부정
온기와 냉기
칭송과 꾸지람
사랑과 미움
삶과 죽음

오직 하나만 담겨 있다
여백

아무 것도 담겨 있지 않다
침묵 뿐.

정관, 봉안당에서

내 죽으면
활활 불태워
남은 재를 버려다오
재조차 남기고 싶지 않으니
바람 속으로 날려 보내다오
아니다 그것은 아니다
더 이상 세상을 떠돌고 싶지 않으니
바다에 뿌려다오
아니다 그것도 아니다
가라앉지 못하고 흘러 다니면
또다시 고행이다

그리하여 어머니는
좁은 항아리에 갇혀
좁은 함에 갇혔습니다

저녁에 까치가 울다

까치가 우는
아득한 저녁

대문 밖에
오랜 감나무

감알 몇 개
덩실, 허공을 붙잡고

새가 쪼아 먹은
상처로 햇살 배어들고

바람까지 스며들어
시린 십일월

서산에 걸린 해
신열에 시달리다가

꼴깍, 마지막 숨을 꺾는
어스름 녘

아무도 찾아들지 않는
빈 집.

나목에게 묻다

어디 갔다 왔니? 아무데도 안 갔어요
어디에 있었니? 이 곳 저 곳에 있었어요

고개 갸우뚱

아하!
나무는 제자리에서
길을 걷나 보다

봄에서 여름 가을로
가을에서 겨울로
다시 봄으로
돌고 도나 보다

거미줄

둥지로는 아슬하고
집으로도 엉성하여
그냥 덫이라고 하자

먹이를 낚아채고
햇살 바람 걸려드는
교묘한 술책

그물처럼 질기기도 하여
여기저기 퍼져 있는
이십일 세기의 정보망

약과 독을 구별 못하게 하는
뭇 선전과 댓글

아주 위험하다

전철 속에서5

전철 속 벽에 걸린
어느 광고회사의 광고

돈만 드는 광고?
돈 만드는 광고!

글자와 글자 사이 여백의 차이로
눈길을 붙잡는 문장 둘

꿈과 세상에 기대고 사는
나는 나를 어떻게 선전할까

살아지는 삶?
살아가는 삶!

'지'와 '가'의 글자 차이로
명치를 치는 문장 둘

광고문의는
051-911-1011

인생문의는
지금-여기-하고 있는 일

엉거주춤

벼랑 끝에 앉은 바위

개울가에 비스듬히 선 버들

가지에 걸터앉은 햇살

빈집에 반쯤 열린 대문

덜 취한 취객

무명화가의 미완성 그림

밀어붙이지 못하는 말

어제를 돌아보는 오늘

다가서지 못하는 사랑

돌아서지 못하는 우정

지팡이를 짚은 삶
그리고 흔들리는 길.

믿음에 대하여

고리가 끊어져
수리점에서 고리를 다시 이었건만
선뜻 목에 걸지 못한다
이음새가 약하여
부지불식간에 떨어져 나갈까봐
아예 모셔두고만 있다

한 번 금간 항아리는
쉬 깨어질 것 같아
손닿지 않는 곳에 밀쳐두듯
목에 걸지 않는 목걸이는
무용지물

수리공의 섬세한 손길을 믿고
목걸이를 걸치고 외출하는 날
아무 일도 일어나지 않았다

의심을 버리자
목걸이가 되돌아왔다

등 돌린 사람도 그렇게
내 곁으로 다시 돌아오련가.

어리석음에게

섣불리 발을 내딛어 넘어지곤
바닥을 탓하다니

함부로 도마질하여 손가락을 베이곤
칼에게 눈 흘기다니

어림짐작으로 소금을 뿌리곤 짜다고
국에게 성깔을 부리다니

서둘러 외출복을 갈아입는 중에
단추가 잘 채워지지 않는다고
단추구멍에게 짜증을 내다니

조급하게 사건을 해결하려다가
일이 꼬이고 잘 풀리지 않는다고
삶에게 욕을 퍼붓다니

죽음이 가까이 다가온다며
생의 마지막까지
얼굴을 찌푸리다니.

관절

굽히고 펴는 것
아래와 위를 이어주는
딱딱하지도 물렁하지도 않은 것

앉고 서고
계단을 오르내리게 하는 것

조심히 섬겨야 하건만
함부로 다루어
다치기 쉬운 것

턱에 걸려 넘어지면
벌떡 일어나거나
허물어지는 것

몸의 부품 중
가장 헐거운 것
그래서 쉬 고장나기도 하는 것

심장부가 아니지만
심장을 멈추게도 하는 것

직립을 버티는
연하고도 강한
부목 또는 지렛대.

그림자3

밟으려면 밟아보렴
못 밟을 걸
떼어낼 수도 없을 걸
그러니 그냥 날 사랑해버리렴

놀리는 듯 달래는 듯
발목에 걸려 알랑거리는
시커먼 껍데기, 몸피.

망향

탄광촌에는 검은 눈이 내린다

어둑하게 쌓인 눈밭으로
부스럼 진득한 아이들이 뛰어다니며
햇살 고인 연못을 찾는다

숲속에 안긴 연못에는
올챙이들이 제법 살이 찌고
수초들이 깊이 뿌리 내리고
검은 눈이 하얗게 녹아
고인 햇살 속으로 스며들어
눈이 부시도록 맑다

눈 맑은 아이들은
눈은 원래 희다는 걸 몰라서
석탄 가루마냥 흩날리는
가난한 눈을 맞으면서도
깔깔깔 즐겁고

오랜 세월 지나
도심으로 흘러온 아이는
훌쩍 자라
흰 눈송이를 받아먹으면서도
햇살 꽃을 피워 올리던
연못가를 맴돌고 있다

시, 인공호흡

네가
수렁 속에 빠진 나를 건졌다

내 가슴에 네 맥박을 혼신으로 밀어 넣어
멈춘 심장을 뛰게 하고
네 가쁜 숨으로
내 막힌 숨을 뽑아내어
나를 살리기도 했다

오늘도 세파에 떠밀려
지치고 외로운 심신을
어루만져주는 손길

고맙다

흠

틈 아닐까
무늬 아닐까
여유 아닐까
자유 아닐까

사랑이 너무 진하여 불쑥 불거진
미움 아닐까

옥에 티가
옥을 두드러지게 하듯
희망을 돋우는
절망 아닐까

언제 가위에 잘릴지 몰라도
지금은 하늘에 가장 가까운
웃자란 가지 하나.

바느질을 하며

올이 빠진 작은 틈을 메꾸려
기웠다

이크,
더 벌어진 틈
구멍 난 셔츠

바늘이 굵었고
실도 굵었다

얕은 상처는
그냥 두어도 아무는 걸
서둘러 꿰매다가
더 깊은 상처로

사랑아
이별의 이유를 모른다며
떠난 사람을 너무 헤집지 마라

기다리면 돌아오리라.

별자리

하늘에 박힌 별을
누가 딸 수 있으랴

멀어서가 아니라
뜨거워서가 아니라
무거워서가 아니라
반짝이는 그것은
별 아닌 구멍이기 때문

하늘에 숭숭 뚫린 구멍은
잠 못 이루는
어느 누가 떨어뜨린 눈물 자국

어둠도 절망도
멀리서 바라보면
빛이고 희망

눈부시다

무시하다

무시하는 일은 흔하고 비루한 줄 알았다
쉬운 줄 알았다

이명을 견디면서
무시하는 일이 귀하고 소중하다는 걸 알았다
어렵다는 것도 알았다

귓속에서 윙윙거리는 소리는
짐짓 모른 척해야
잦아드는 거

무시하기로 했다
부정한 생각이나 어둑한 상념에게
눈길을 주지 않아
스스로 사라지게 하고
소문을 가까이 두지 않아
스스로 멀어지게 하고

마침내 내가 나를 버려
나를 얻고

보여도 보지 않는
들려도 듣지 않는
알고도 캐내지 않는

묵언과 좌선의 경지
텅 비운 자리.

외곽에서

1.
어항 속 금붕어
오래 거기 살았음에도
여기가 어디인가
눈 끔뻑끔뻑
밖을 자꾸만 내다본다

2.
수족관 속 광어
느릿느릿 숨을 쉰다
이미 들어선 저승길
서둘러 살지 않는다
느긋하다

열애

네가 나를 그늘이라고 투덜거릴 때
너는 양지였겠느냐
더 짙은 그늘이었다

네가 나를 바람이라고 내칠 때
너는 햇살이었겠느냐
더 시린 바람이었다

네가 나를 벼랑이라고 밀어낼 때
너는 계곡이었겠느냐
더 깊은 벼랑이었다

내가 어둡고 차갑고 위태로워 떠난
너는 더 어둡고 차갑고 위태로웠다

몰랐을 뿐
우리는 서로의 이별이었다

사랑하는 동안에도
여러 번 헤어졌다

그만큼
뜨겁기도 했다

만추2

어린 까치 하나
늙은 감나무 가지에 앉아
콕, 콕, 시든 홍시를 쪼아 먹는 동안
젖을 길어 올리는 뿌리
젖가슴이 부푸느라 아린다

아리는 만큼
까치밥은 달다

모정

뜨겁지 않고
따스하다

넘쳐도
흘러내리지 않는다

버림받아도
품어 안는다

불효자가 없다
모두 효자다

곁에 있어도
모른다

허다하지만
소중하다

낮아도 높고
작아도 크다

이기지 못한다
늘 진다

2부

병과 병

병甁이 깊어 화병華甁으로
병病이 깊어 화병火病으로

화병에 안긴 어여쁜 장미
화병으로 드러누운 초췌한 여자

품어서 넉넉하고
밀어내어 깜깜한

나는 어떻게 깊어갈 것인가.

슬픈 거짓

골목시장 입구에
난전을 편 할머니
고구마를 팔았다

분명 타박고구마라 하여 샀는데
물고구마

그렇게 속고도
한 번 더 속은 후
난전이 사라졌다

할머니가 앉았던 자리에
젊은 아낙이
시들고 멍든 사과를 팔고 있었다
흠만 도려내면 달고 맛있는 사과
싸기도 했다

할머니의 딸이냐고 조심스레 묻자
눈을 깊이 맞춘다

어머니는 세상 떠나시고
자신은 암을 앓는 중이라며
그래도 돈을 벌어야 산다며 글썽글썽

타박이 아니라고 타박했던 나는
죄지은 듯하여
남은 사과 모두 사 들고
무겁게 귀가한다

고독

거기에 가면
꽃이 반쯤만 피었다
꽃은 흰 색에 가깝고
향기는 고즈넉하고
자태는 고고하다

거기에 가면
바람 분다
바람은 날갯짓 느리고
소리는 허공을 닮고
모습은 서늘하다

거기에 가면
꽃과 바람이 서로 낯설다
꽃은 바람을 곁에 앉히지 못하고
바람은 꽃을 품어 안지 못한다

거기에 가면
쓸쓸한 것들이
쓸쓸한 그대로
제 그림자 데리고 산다

스냅 셋

1. 팬지

팬지는
편지

봄이 안부를 전하면서
노래도 동봉한
노오란 꽃봉투

2. 이슬

새 먹으라고
꽃잎이 차려놓은
아침밥상

3. 나비

전생에는 땅에 떨어진 꽃잎
내세에는 막 돋아나는 꽃잎
지금은 만발한 꽃잎

미로

어디서 떨어져 나왔는지
나사 하나 서랍 속에 뒹굴고 있다
무언가의 부품이었던 것이
제자리로 돌아가려고
서성서성 기다린다

본체는 어디 있을까
나사 하나쯤 없어도 돌아가고 있을까

선풍기 냉장고 세탁기 티브이는 끄떡없고
청소기 드라이기 전기밥솥도 멀쩡하다

바닥에 돌아다니는 것을 주워
언젠가는 쓸모 있을 거라며
서랍에 보관했건만
되찾아갈 곳을 몰라
버려져 있는

나사 빠진 것처럼
주저앉은 사람
갈 길을 잃었다

장인

뚝 잘라
딱 맞춘다

뚝딱뚝딱
망치질 소리

어느새
단단한 의자 하나.

어머니의 장롱

사계절이 선명했다
장롱 속 가장 깊은 서랍에 두꺼운 겨울옷을 접어
나프탈린 함께 모셔두고
위 서랍 두 칸에는 봄가을 옷을 넣어두고
가장 아래 서랍에 여름 한철 입을 옷을 개벼 두었다

장롱 미닫이를 열면
'물 먹는 하마'가 여기저기서 습기를 빨아 마시고
숨은 듯 곁들어 있는 작은 서랍에는 옷 아닌 서류나 장부
누런 봉투가 묶음으로 깊이 들어 있었다
월급봉투였다
딸이 건네준 생계비를 아껴 아껴 쓰고
남은 빈 봉투를 추억처럼 간직해 두었다

꽉 차고도 깔끔히 정돈된 장롱마냥
가난한 삶을 조각보 엮듯 꾸려나간 어머니
지금도 천상에서 쯧쯧 혀를 차시며
사철 구별 없이 뒤죽박죽 섞어둔
딸의 어지러운 옷장을 꾸짖으리라

정리하며 살아라
뒤엉켜 있으면
못 쓸 것이 쓸 것을 덮느니라.

나이

먹는다
먹을 수밖에 없다
아파도 배고프지 않아도 먹는다
먹어도 배는 부르지 않고
남이 대신 먹어줄 수도 없다

싱겁고 맛이 없다
싱싱하지 않고 질기다
영양가를 따질 수 없고
이빨 약한 노인은 체증이 잦다

날마다 먹어도
점점 시드는 몸

몸은 시들어도
속은 잘 익을 수도 있다

껍데기는 버리고
알맹이를 골고루
오래 잘게 씹어 삼켜야
겨우 소화되어
그나마 목숨을 연명한다

고백

제가 아주 사랑하는 사람이 있어요
그 남자에겐 아내가 있답니다
그도 나를 사랑하지만 아내를 더 사랑하지요
그렇다고 뻔뻔하거나 불순하지 않아요
정직하고 착하고 성실하게 살아가는
아주 평범하여 비범한 가장이랍니다
연하의 그 남자는 종종 안부를 보내고
나는 가끔 소식을 묻습니다
아내보다 더 오랜 인연은
감춘 진심을 환히 들여다보건만
숨기지 못한 거짓은 지나친답니다
너무 가까워 잊기도 합니다
잊혀도 서럽지 않고
서로의 존재만으로도 가득하여
오래 만나지 않아도 멀지 않습니다
그는 늘 내 눈 안에 있으니까요

세상에서 둘도 없는
그 소중한 남자는
제 아들이랍니다
제 아름다운 애인입니다

모자와 신발을 은유하다

머리 꼭대기에 있어도
바람 불면 날아가고

발아래 있어도
단단히 땅을 딛는

권력 그리고 민초.

낭만

단벌옷이지만
깨끗이 씻어 말려
새 옷처럼 입는

가시밭을 헤쳐 걷는 중
홀홀히 꽃샘바람을 견디고 있는
시든 진달래를 쓰다듬는

지갑이 얇아도 주눅들지 않고
소주 한 병과 새우깡만으로도
푸짐하게 외로움을 즐기는

비바람 거친 날
우산이 찢어져도 탓하지 않고
흔쾌히 우산을 버리는

배부른 중에도 붕어빵을 사서
머리 쪽은 그대에게 드리고
꼬리 쪽을 먹으며 눈꼬리를 올리는

심히 아파 드러누워도
문병 온 친구가 건네는
장미 향기를 흠뻑 들이쉬는

저무는 해에게 잘 가라 배웅하고
뜨는 달에게 어서 오라 마중하고
해와 달 사이를 서성이는 어스름을 다독이는.

미망

꽃잎은

나무의 옷
화려하게 또는 은은하게
멋을 부리는

나무의 노래
영롱한 음정에
향기로운 가사

나무의 고백
사랑하여 가슴이 뛴다고
속삭이는

나무의 잔뿌리
하늘로 물구나무서서
햇살을 길어 올리는

그러나
끝내 꽃잎은

나무의 비듬일 뿐
바람에 홀홀
떨어져나가고 흩어지는.

풍경6

산 깊숙이
절 한 송이 피었는데요
노승 한 분
물 길어 공양을 짓구요
빈 마당을 맴돌던 고양이
야윈 불두화 곁에서 졸구요
흩어진 석양을 쪼아 먹느라
간들거리는 참새들
꽃망울 같아요

그 절로 오르는
반백의 보살
운동화 뒤축이 닳았구요
손목에 감은 염주도 닳아
백팔번뇌가 보일 듯해요

겨울
어스름

마을엔
달 보고 개가 짓고 있어요.

A4용지

텅 빈 백지
막 떠오르는 영감을 붙잡아
담으려고 서둘러 펜을 찾는다

시 쓴답시고
무딘 펜으로 꾹꾹 눌러
종이의 알몸을 긁는다

상처!

스미어 나오는 피를 훑어 마시고
몸을 불린 행과 연
꿈틀, 뒤척인다

말과 기호
부호로 가득 메운
장문의 노래

여기저기 수식어를 지운다

그러나
끝까지 채워지지 않는
백지는 없다

여백이
숨을 쉬는 동안은.

찌꺼기에 영양분이 많다

생선 대가리와 뼈
살만 빼 먹고 버린 새우 껍질
고기만 건져 먹고 남은 국물
배불러 밀어낸 비빔밥을
한데 섞어 푸짐하게
개밥그릇을 채운다

차려주는 아침을 밥알 한 톨 남김없이 먹고
그릇 밑바닥까지 핥아 먹고
땅바닥에 퍼질러 누워
먹이를 찾아 쫑쫑거리는 참새를 건너다보는
행복한 짐승

개는 점점 살이 찌고

개똥이
감나무에 감을 주렁주렁 매단다

몸살

빈 페트병을 찌그러뜨려
재활용품 통 속에 넣고
돌아서는 순간

쩌~~억
나를 부른다

뭉그러진 플라스틱이
쭉 몸을 펴서
본래 모습으로 되돌아와
도로 물을 채워 달라는 듯
버티고 있었다

일회용으로 버려지는 게
억울하고 서러워
사력을 다해
제자리로 돌아온
껍데기의 부활

그러나 끝내 버려지는
쓸쓸한 말로末路

나 또한
일회용 목숨

그리하여 종종
허물어지고
다시 일어서느라
저리는 몸.

오랜 의자

그대 다리를 쉬게 하는
의자의 다리는
늘 무릎을 세워
지치고 아린다

그대를 앉히기 위해
접을 수 없고
굽힐 수 없고
주저앉을 수도 없는
그 다리가 삐걱거릴 때
몸을 낮추고
자세히 들여다볼 것

뼈에 금이 갔거나
관절이 닳았거나
인대가 늘어났다면
그대 다리를 접고 앉아
부목을 세우고
붕대를 감아줄 것

사랑은 그렇게
서로의 아픔을 깊이 들여다보는 거.

비가8

술병이
술병을 자꾸만 부르고 끌고 와
술병이 든 남자

술
술
술
쏟아내던 주정이
목에 걸려
더듬더듬

갈지자걸음은
그대로 휘청휘청
집을 못 찾고

기어이 드러누워
술병조차 기억 못하는
치매성 알코올중독자

누가 그 사람더러 술 마시게 했나
무엇이 그에게 술을 권했나

종일 이리저리 떠돌며
불콰하게 살다가
서서히 저물어가는
어스름 녘.

가시거리 그리고 역행

너무 멀어 또는 너무 가까워
끝이 아닌데 끝으로 보이고
곡선이 직선으로 보여
속는다

지구는 사각형이 아니라서
수평선은
바다의 벼랑이 아니고
하늘과의 경계도 아니다

태양이 지구를 도는 게 아니라
지구가 태양을 돈다며 반기를 들어
화형당한 조르다노 브루노 같은 혁명가가 없는 시대
진실을 외면하고
사실보다 거짓이 그럴듯하여
아직도 지구는 네모난 별

그렇게 왜곡하여
낭떠러지로 굴러 떨어지는
인간 군상들

지구는 둥글다!

산불

바람이다
시뻘건 바람

나무둥치를 핥고
마른 잎을 집어삼키면서
온 산을 휩쓰는
회오리

할퀴고 간 자리
시커멓게 재 흩날리고
푸른 숲은 사라졌다

가슴이 뜨거운 사람아
열정에 겨워
길길이 뛰지 마라
네 애인은 지금
네가 끊임없이 내지르는
거칠고 숨막히는 고백에 데여
심장이 탄다

다 태운 후에야
잦아드는 불길

화마는 그렇게
한 여자를 폐허로 남겨두고 떠났다

계단2

단숨에 뛰어오르지 말고
한 발 두 발 조심히 딛으라고
높이와 폭에 맞추어 걸음을 옮기라고
굽히고 펼 수 있는 무릎에 감사하라고
앞에 오르는 사람 장딴지 근육을 닮으라고
뒤처진 사람 헉헉거리는 숨소리를 이해하라고
지치면 걸터앉아 호흡을 고르라고
모서리에 돋아난 민들레를 들여다보라고
비탈길의 환골탈태를 배우라고
한 단계 한 단계 일러주는
인문학.

동지 즈음

눈 오시는 날
절 앞마당에서
눈싸움 한창인 새끼중들
던지고 피하고 맞는 중에
빗나간 눈 한 덩이
앉은뱅이 부처상을 넘어뜨린다
놀란 동자승들 우뚝 놀이를 멈추자
마당을 쓸던 노승이
빙그레 웃으며 손을 내젓는다
- 괜찮다. 좌불 한 분 편히 드러누우셨구나.

신을 신으며

낭떠러지 끝에
가지런히 놓인
구두 한 켤레

누군가 바다로 뛰어들었나 보다

거리에
아무렇게나 버려진
운동화 한 짝

누군가 만취하여 쓰러졌나 보다

죽음 앞에서
비굴하도록 몸을 낮추어 웅크리고
삶 앞에서
어지럽도록 몸을 꼬고 휘청거리는

생사를 버티기 위해
신발끈을 단단히 맨다

우체국에서

도중에 흘리면 안 되는
제 날짜에 도착해야 하는
소중한 서류를
빠른등기로 부치는 날
문득 가슴에 걸리는 슬픔 덩어리

늘 곁에 있어서
함부로 대하고
밀쳐내기도 하고
잊기도 하여
서서히 헤어지고

문득 그리워
황급히 쓴 편지

수신자 주소가 바뀌어
봉투 귀퉁이가 뜯긴 채
되돌아오고

고백과 화해가
너무 늦게 도착하여

끝내 잃어버린
인연.

무화과2

수많은 꽃을
세상으로 퍼뜨리지 않고
가슴 속에 꽁꽁 싸매어
열매인 양

꽃이 꽃으로 만발하지 못하여
향기를 풀어내지 못하여
몸 밖으로 번져 나오는
진득한 속앓이

쓰지 않고
달콤하여
눈물 같잖은
눈물

위선의 극치.

아침

누가 왔다 가셨나
지난밤 그을음을 닦아낸 후
햇살을 방 안으로 모셔놓곤
나를 깨워 물 한 잔 먹이고
창밖에 눈부신 거리를 내다보게 하는
누가 먼데서 찾아와
늦잠을 깨트리고 떠나셨나

어제를 싹 지우고
오늘을 가득 풀어놓고는
다 마르지 못한 빨래를 뒤집어 널곤
어디로 가셨나

하마 나를 아시는지
날마다 내 집을 방문하여
서툰 꿈을 꾸느라 잠에 빠진
내 베갯머리를 고쳐주곤
잠시 곁에 머물다가
조심스레 나를 흔들어 깨우는
누가 창을 열고 들어오셨나

비몽사몽 간
얼핏 눈에 스쳐 지나가던
푸른 망토를 걸친
그 분.

도둑고양이

슬쩍 담을 넘어와
마당을 산책한다

햇살 속에서 한동안 해바라기하다가
땅에 납작하게 엎드린 민들레를 건드려 보다가
덜 여문 백일홍 밑동을 두드려 보다가
슬그머니 담을 넘어간다

도둑이 아니다
아무 것도 훔쳐가지 않는다
나들이하듯 들렀다가
훌쩍 떠난다

그대, 나그네 또한
이 세상으로 건너와서
희로애락 함께
이 길 저 길 거닐며
강산을 즐기며
목숨을 누리며
어슬렁거리다가
아무 것도 담지 않은
맨몸으로 훌훌
저 세상으로 건너가는 것을.

심력 0.1

재활용품을 분리하다가 떨어뜨린 듯
플라스틱 통 하나 굴러다닌다
수거함으로 들어가지 못하고
발에 차이기도 하면서
버려져 있다

분리가 잘 안되는 나는
얼마나 많은 것을 떨어뜨리며 사는가

어제와 오늘 사랑과 미움
꿈과 현실 정의와 불의 등등
눈에 보이지 않는 것은
더욱 분리가 안되어
버려지고 밟히는 중에
영혼마저 떨어뜨리고
흐느적거리는 몸

정작 버릴 것은 떨어뜨리지 않고
무겁게 지고 가는
해질녘

서산에 걸린 해는
떨어질락 말락 비틀거리면서도
초승달을 빚어내기도 하건만.

덜컥

꽃가게가 보여
그냥 들어가서
이 꽃 저 꽃 기웃거리다가
덜컥 백합 한 송이 사서 나오고

옷가게가 보여
그냥 들어가서
이 옷 저 옷 눈요기하다가
덜컥 셔츠 한 벌 사서 나오고

서점이 보여
그냥 들어가서
이 책 저 책 뒤적이다가
덜컥 시집 한 권 사서 나오듯

그렇게 인생을
덜컥덜컥 살다 보면
향기롭고 색이 곱고
가슴 울리는 사랑을 만날까.

공3

아이들 손에서 쾌히 놀아나다가
피 끓는 청춘들 다리 사이로 펄펄 뛰다가
만취한 늙은 가장의 발에 차이다가

홀로 여기저기 떠돌다가
어느 구석진 곳에 처박혀 있다가
진창에 빠졌다가

쪼그라드는
공은 공空

인생을 짓다

바닥이 드러났다
바닥을 쳤다
바닥에 떨어졌다

그만큼 바닥은 깊지 않다

허공으로 치솟다
허공을 흐른다
허공에서 헤맨다

그만큼 허공도 깊지 않다

바닥과 허공 사이에서
앉고 서고 걷고 뛰는 사람들
바닥에 걸려 넘어지고
허공 속으로 빠진다

하늘에 가까운 새보다
땅에 가까운 나무가 뿌리 깊어
추락하지 않듯이

우선 지반부터 단단히 심고
창을 달아 하늘을 들이는
집을 짓듯이

인생도 그렇게.

안개 자욱한 날

주인장 문 여시오
아직 초저녁인데 벌써 문을 닫다니

두드리고 흔들고
급기야 발로 차도
인적 한 올 없다

주점은 꽁꽁 닫혔고
남자는 이미 거나하게 취했다

가는 길이 아득하고
갈 길이 막막하여
낮부터 술잔을 들이킨 남자의
눈에 바람 일렁일렁
초점을 잃곤
세상 것들이 보이지 않는 모양

문고리에 팻말이 걸려 있었다
- 오늘은 쉬는 날입니다 -

석류를 읽다

누구도 해결해 줄 수 없는 걱정
아무도 지워줄 수 없는 고민은
그냥 그대로 담고 살자
걱정을 풀어놓아 걱정을 끼치고 늘리고
고민을 늘어놓아 고민을 들키고 부추기어
삶은 더 시리다

기어이 드러낸 속
시린 갈바람 햇살로
발갛게 얼어
살얼음이 낀 듯
채 여물지 못한 알갱이들

반쯤 터진 석류가 아프다
꽁꽁 묻어두려 했던 것을 내비치곤
서럽게 흐느낀다

글썽거리는 소갈머리
푹 삭히지 않아
달지 않고
신맛 뿐.

플라스틱 시대

우물이 있었다
높고 낮은 동네 집집마다
식수를 나르고
빨래터를 내어주고
장난꾸러기가 고개를 들이밀어
제 이름을 부르면
메아리를 들려주던
깊은 샘이 있었다
가물어 물꼬가 여위면
바닥을 기울 대로 기울어
동이 반의반이라도 채워주었다
마침내 비 내려
물꼬가 트이면
첨벙첨벙 두레박 가득 퍼 담아
아이들 발가벗은 몸에 들어붙은
염천 더위를 지워 주었다

그 우물이 점점 사라지고
꼭지만 틀면 철철 흘러내려
층층의 개수대와 욕조를 씻어 내리는 수돗물은
식수로는 얼씬도 못하고
백산수만 늘어난다

2*l* 플라스틱 통이 비어
멈칫멈칫 수돗물을 마시는 날
그리운 생수

백산수는 생수가 아니다

헹가래

승리에 만취하여
축배의 잔을
높이 들어 올린다

땅으로 곤두박질할 듯
허공에서 흐느적흐느적
춤추는 술잔.

폭

폭식 폭음 폭주 폭언 폭염 등등
'폭'은 넘치고 사납고 거칠다

발자국 가볍게 조심조심 디뎌도
폭 폭 꺼지는 눈길

폭 넓은 사람이 되라 하면서도
비좁은 속 그대로
폭 폭 남의 가슴에 상처를 긋는

세상살이 다투어 앞서려 말고
앞뒤로 거리를 두고 걷자

이름을 불러 들릴 만큼만
떨어져 걷자

그래, 폭을 지키자.

감자에 싹이 돋다

오래 방치된 감자
뿔 돋았다

고를 때는 언제고
살 때는 언제냐며
독을 품고 따진다

고기나 생선 등
쉬 상하거나 귀한 것은
유통기간을 지켜 상에 올리건만
쉬 상하지 않고 흔한 것은
유통기간조차 모른다

감자는 서럽다 못해
외로웠고 외롭다 못해
화났다

화를 내면 뭐하나
끝내 쓰레기통에 버려지는 신세

그나마 썩기 전에 버려져
쓰레기 틈에서도 싹을 틔우려나

시퍼런 싹은
무소의 뿔처럼
절망을 뚫고 허물어지리라
죽음도 허락하리라.

나목2

옷을 다 벗은 게 아니다
보이지 않는
옷 한 겹 걸쳤다

가볍고 폭신한
햇살 옷

겨울이 더 따뜻하다

개에 대한 기억

아버지는 폐가 약하여 몸에 좋다는 개장국을 종종 들이켰다. 우리 집에는 복실이라 부르는 똥개가 있었다. 순하고 착했다. 식구가 남긴 짬밥을 맛있게 남김없이 먹는 가족이었다. 어느 여름 아버지는 친구 몇 분 함께 개를 산으로 끌고 들어가 나무에 매달아 놓고 때려 죽여 개장국을 끓였다. 나도 현장에 있었다. 왜 거기 갔는지는 알 수 없지만 짐승의 울부짖는 모습이 처참하여 눈을 감고 귀를 막고 멀찍이 돌아서서 참혹한 장면을 피하고 있는 동안 어른들은 흥얼흥얼 술상을 차렸다

노린내 질퍽했던 그 날 이후
개에게 다가서지 못한다
나를 노려보고 짖을 때면
무서워 도망간다
내 뒤를 줄줄 따라다니던 복실이가
환생하여 나를 원망하는 듯
몽둥이를 들진 않았어도 방관한 죄를 묻는 듯
유독 나를 향해 달려들면
나는 대역죄인이 되어
사람이란 족보가 부끄럽다

잡아먹히려고 살찐 개를
잡아먹고도 여윈 아버지는
개 여러 마리 먹어치우고도
일찍 세상을 뜨셨다
그의 딸은 여전히 개가 두렵다

호명 아닌 오명

흰 나리 뿐 아니라
주황빛 나리도 백합

백합은
백합白슴이 아니라
백합百슴

행여 의심스러우면
백 개쯤의 비늘을 두른
구근으로 몸을 세운
줄기 끝에 돋아난 꽃에게 직접 물어보라

이름이 무어냐고
이름의 뜻이 무어냐고

주황빛 나리가 흰 나리를 가리키며
해명하리라

나와 저것은 겉만 다를 뿐
같은 과라고
DNA는 같은 거라고
보이는 대로 호명하면 안 된다고
오명은 그렇게 해서 뿌리내린다고.

아스팔트가 길을 덮다

데모가 퍼져 나갈 때는
돌멩이도 많았다
경찰서 창을 깨뜨리고
연막탄을 부수고
몽둥이를 막던
정의로운 돌멩이들

훤히 뚫린 아스팔트 거리에는
돌멩이 하나 없고
미끈한 도로만큼
사람들도 미끈하여
손을 더럽히지 않으려고
돌멩이는 아예 찾지도 않는다

바위덩어리에 짓눌린 가슴으로
평생을 살아온 울 엄니
잔돌을 주워
화분 바닥에 깔아
화초를 키웠다

바위는커녕 잔돌마저 보기 드문
세상은 그만큼 순탄한가

타협 속에 도사리고 있는
지친 눈빛과 암울한 이름
찢어진 깃발과 허물어진 혁명

아아, 순탄한 것이 한탄스러운 시대여.

팽이3

변두리를 돌고 도느라
 어질어질 가물가물
  중심을 잃고
   쓰러진
    그곳
     축

    고요하다

전화를 끊고 나서

벨소리 다급하게 울린다

여보세요?

안녕하세요
신한카드입니다
고객님을 위한 보험상품이……

뚝!
다 듣지 않고
전화를 끊는다

뭐가 그리 바쁘다고
뭐가 그리 어렵다고
시간을 내주지 못하나
기껏해야 삼 분도 넘지 않을 걸

단번에 거절당한 젊은 처자
생계를 짊어진 어린 가장의
씁쓸한 독백

- 좀 들어주면 안 되나?

3부

알몸끼리 낯설다

공중목욕탕 안
여자 둘 나란히 앉아
안면을 튼다

어디 사세요?
S아파트에 살아요
저도 거기 사는데요, 몇 동이예요?
104동 1702호예요
저는 1802호에 살아요
그러고 보니 우리 자주 인사를 나누었군요

발가벗어서 몰라보는 이웃
옷을 입어야 모습을 기억하는

나를 발가벗기면
너는 나를 모른 채 비껴갈까
어디선가 본 듯하여 다가올까

샤워기 아래 내리쏟는 소나기 속에서
내가 나를 미심쩍게 들여다보며
세상 때를 벗기고
몸속 그을음까지 지우려
오래 비누질을 한다

낯선 내가
익숙한 나를
빡빡 밀어낸다

새에게

우물 안 개구리라고 비웃는 너는
어둠의 깊이를 아니?
깊은 어둠이 따뜻하다는 걸 아니?

확 뚫려
밝기만 하면 뭐해
그림자 없는 빛은 차갑기만 한 걸

곤두박질하듯
바닥으로 내려와 봐
하늘이 더 눈부실 걸
달도 더 둥글 걸

여기는
별 천지가 아니지만
별천지

그리 헤매지 말고
나처럼 가라앉아 보렴
날개가 먼저 자유로울 거야.

발바닥

외롭다
바닥만 디뎌
바닥처럼 내버려져
깊이 들여다보는 사람 없다
넘어져 주저앉아야
발목을 뒤집어 못마땅히 내려다보는
발바닥엔 발금도 없다
손을 활짝 펼쳐
손금을 들여다보며 운명을 점치는
손바닥은 눈에 가깝고
발바닥은 멀다

허공을 더듬는 손
땅을 헤매는 발
둘은 닮은꼴

생긴 대로
자리만큼
제 몫을 다하면
무엇인들 소중하지 않으리

먼 길을 돌고 온 후
저리는 발을 어루만지는
두 손 따뜻하고
발바닥은 외롭지 않다

바나나

손길만 닿아도
스르르 벗는다
하얗게 드러나는 속살

먹지 않으면
자존심 상할 것 같아
한입 베어 먹는다

달콤하다
뒷맛이 향기롭고
벗은 옷에도 향기 배어 있다

참 쉬운 여자
그렇다고 함부로 벗지 않는다

배고프거나
이빨이 상했거나
비타민을 보충해야 하는
허약한 연인에게
기꺼이 제 몸을 바친다

미

삶에 성적이 있을까마는
은밀히 드러나는 점수
수우미양가

수는 선두를 뺏기지 않으려
수단방법을 가리지 않고

우는 수를 따라잡느라
우격다짐으로 뒤쫓고

양은 가를 끝까지 제치려
양심을 낭비하고 속이고

가는 꼴찌를 벗어나려 용쓰다가
가물가물 힘이 빠지고

미는 중용을 지키는 제자리에서
미덥고 고요하다

아름다울 美

난 감

떫어서 못 먹는 땡감을 버리려 하자
버둥대며 고집한다
- 난 감이야

먹지도 못하고
버리지도 못하여
손에 쥔 채
염주알 굴리 듯
미숙한 열매를 들여다보는
늙은 농부
난감하다

일기8

연일 흐림
오후에 개이기도 함
개인 틈으로 외출을 하고
밤에 비 맞고 귀가함
우산 하나가 점점 무거워
미리 챙기지 않음
우산을 쓰는 것보다 비에 젖는 게 편함

냉장고에 먹거리가 줄고 있음
장을 보는 것보다 적게 먹는 게 쉬움

시계를 보지 않음
배고파 먹는 그 때가 아침 점심이고 저녁

아무렇게나 살아도 무사함
간혹 별 일이 생김
함부로 걷다가 넘어지기도 함

넘어져 다쳐 칩거 중
우연조차 필연임을 깨달음
몸과 정신이 한 뿌리임을 확신함
저녁노을이 아침노을보다 아름다움에 놀람

또 하루가 스러지고 있음
오늘이 저물어서
내일 다시 해가 뜸.

화해하는 법

불과 물은

맨몸끼리
물불 가리지 않고 덤벼들면
어느 한 쪽이 무너지고

솥이나 냄비가 끼어들면
밥을 짓고 국을 끓인다

활활 타는 네 가슴으로
선뜻 안겨들지 못하는 이유는
내 가슴은 여전히 싸늘하기 때문

조금 거리를 둔 채
세월로 식히고 달구어
다시 만나자

꽃조차
향기 한 올쯤은 걸치고
나비를 들인다

오직

엘리베이터가 고장 나
계단을 오른다

밥 지을 쌀이 동이 나
빵으로 끼니를 때운다

잠바 지퍼가 삐거덕거려
단추로 옷깃을 여민다

오른쪽 어금니가 상하여
왼쪽 어금니로 씹는다

이것으로 안 되면
저것으로 되건만

너는 아니다
너 아니면 아무도
나를 껴안을 수 없다

도마와 칼

생선 몸통을 가르고
무를 토막내는
칼날 밑에서
도마는 아프다

칼이 지나간 자리마다
비린내와 즙이 밴
도마는 아파도 신음 없다

내리치는 칼 맛과
받아내는 도마의 내공 함께
푹 익은 고등어찜
달콤하다

한 끼 밥상은 그렇게 차려지고
칼과 도마는
목욕재계하고 기다린다

둘이라야
파 한 뿌리라도 자르기에
다시 만나 동행할 때까지
한동안 묵언수행 중.

명함

사각형이다
둥근 걸 본 적이 없다

직함과 성명
전화번호와 주소
경력을 담아야 하고
겉모습을 그럴듯이 유지해야 하기에

성품과 취향
정의감과 정직성
인간성은 두고라도
작은 죄라도 드러날까 봐

둘러 싼 사각의 벽들
허물어뜨리고
둥글게 비워 놓는다면
보이지 않는 것을
훤히 읽으리라

그 사람을 몰라도
그와 악수를 나누리라.

용수철(spring)

내리눌러야
튕겨 오르는
탄탄한 탄력

겨울의 손아귀에서 벗어난
봄,
너도 그렇다

술상머리에서

주씨 집안엔 애주가가 많았나 보다
대대로 이어져 내려와
술로 살진 배가 튀어나오고
휘청거리다가 여기저기 부딪치고
우글쭈글 망가져 내버려지는 신세
가문은 사라지기 직전

그 집안에 놈팡이가 있었다
밤낮으로 술에 취해 아내를 때리고
자식들에게 공연히 불호령을 내리는
술주정뱅이 아버지의 등쌀에
어머니는 화병으로 돌아가시고
뒤를 이어 큰딸이 살림을 맡았다
날마다 술상이 뒤집히고 그릇이 깨어지는
난리에 지치고 서러운 그녀는
술을 마시기 시작했고
만취하여 아버지에게 대어들고
악다구니를 퍼붓다가 끝내
화병을 얻어 어머니 따라
젊은 나이에 세상을 떠났다

환생하여
어느 주점으로 운명처럼 흘러 들어와
뼈빠지게 일하여 식솔을 먹여 살리는
어진 아버지들의 술잔에
술을 가득히 부어주는
그녀의 이름은
'주전자'

길에서 길을 보다

한 젊은 아낙이
동행하는 개가 뽑아낸
똥을 열심히 치우고 있다

닦고 또 닦아
흙먼지까지 묻어난 휴지를
비닐봉지에 넣고
비닐봉지를 가방에 넣는다

몸짓 하나하나가
조심스럽고 섬세하고
경건하기까지 하다

아무나 다니는 길에서
함부로 걷는 늙수그레한 여자가
길을 본다
정갈하게 살아가는 길을 본다

아낙과 개가 지나간 길
깨끗하다

핀

핀으로
셔츠 앞섶을 꽁꽁 여미고
머리칼을 단단히 묶은
단정한 처자

좀 흐트러지면 어때서

바람결에
가슴둔덕이 드러나고
머리칼 부스스 날리는
야생화

활짝
핀.

종이학

학 천 마리를 가득 채운
유리병을 선물 받고
수십 년이 지났건만
새는 날 생각이 없다
병뚜껑을 열어 두어도
날갯짓 한 올 없다
병을 깨뜨리고 나올 꿈조차 꾸지 않는다

학을 건네준 제자는
가슴에 모진 암이 둥지 틀어
온종일 병상에서
학을 접고 펴고 또 접으면서
목숨을 견디다가
기어이 세상 떠나고

햇살 맑은 날
병 속에 학을 모조리 꺼내어
바람 드는 마당에 풀어 놓아도
어느 하나 날아오르지 않고

학을 꿈꾸던 애제자는
끝내 날개를 펼쳐
별나라로 흘러갔건만
어깨 웅크린 천 마리 새는
하늘을 잊고 땅을 잊어
비상을 잃었다

그새

그새
벚꽃 돋아났다
만발하고 시들고
떨어졌다

꽃 한 송이
태어나서 실컷 살고
미련 없이 떠나는
그새

나는
가슴에 들어앉은
작은 돌멩이 하나 들어내지 못했다

여름감기를 앓으며

살살 내려오렴 나비야
장미가 땡볕에 뜨겁게 익었다
행여 발이 데일지도 모르니
앉기 전에 더듬이로 슬쩍
꽃잎을 건드려 보렴
더듬이가 따가우면
미련 두지 말고 날아가렴
한동안 바위에 앉아
틈으로 새어나오는 냉기로
우선 네 몸을 식히고
저녁 무렵쯤 다시 장미를 찾아가
조심스레 몸을 얹으렴
사랑도 때가 있는 거
한여름 시뻘건 대낮에는
사랑조차 타버려
재만 남으리니
나비야 지금은
샘물에 날개를 적셔
허튼 열기부터 씻으렴.

어느 맑은 날

광안지하철 역내 작은 가게에는
바지와 스커트 셔츠 모자와 양말 등이
날마다 그 자리에 그대로 걸려 있거나
차곡차곡 진열되어 있다
하늘하늘 레이스 달린 긴 치마는
일 년 넘게 걸려 있다
주인은 오전 열 시에 문을 열고
오후 열 시 넘어 문을 닫고
행인들은 기웃거리거나
이것저것 만져 보거나
거들떠보지 않고 지나간다
옷을 사 가는 사람을 한 번도 본 적 없는
가게는 지루하여 하품이나 하고
호객할 생각도 없는 듯

먹고 살려고 차린 가게가
종일 한산하건만
주인은 부지런하다
정리된 옷가지들을 다시 정리하고
비뚤어진 옷걸이를 바로 세우면서
오늘도 무심히 한가하게
고객을 기다린다

양말 한 묶음 사는 날
아낙이 환하게 웃으며
덧양말 한 켤레를 덤으로 건네준다

지금 이것도
– 절망에 빠진 사람에게 –

지나간다
지나가다
지나간다

옅어진다
옅어진다

사라진다

진실이 억울하다

초등학교 삼학년 교실
자연시간
선생님이 아이들에게 묻는다
매화 본 적 있는 사람?

한 아이가 손을 번쩍 든다

어디서 봤니?
저희 집 마당에 있어요

매화를 속속들이 모르는
선생은 황당한 듯
이맛살 구기며 꾸짖는다

매화가 집 안에 있다니
매화는 산이나 들에 사는 거야
왜 거짓말 하니

거짓말쟁이가 되어버린 아이
오래도록 억울하다

봄이면 어여쁜 꽃
가을이면 열매 주렁주렁
품고 키우고 익히는
마당도 억울하다
매화는 더 억울하다

성급히 버리지 말 것

내 삶을 떠먹을
숟가락 젓가락이 없다

밥상에 가지런히 놓인 수저
일상에는 보이지 않는다

밥이 그득하면 뭐하랴
반찬이 풍성하면 뭐하랴
떠먹을 수가 없는 걸

수저를 찾다가
국이 식고
나물이 시든다

기어코 수저를 찾았다
소용없다고 내버린
잡동사니 속에 끼여 있었다

과식하여 복통으로
굶고 있을 때였다

쓸쓸함에 대하여

달보다
달무리

어둠보다
으스름

섬보다
섬을 맴도는 새

가로등보다
가로등 아래 그림자

바위보다
바위에 부서지는 파도

잠 속에 꿈보다
꿈 속에 꿈

절절한 연정보다
아련한 그리움

푹 젖어드는 게 아니고
은은히 스며드는.

이팝 피어날 적

죽을 쑤는
엄마 등 뒤에서

또 죽이야?
밥은 언제 먹어?

철부지 딸의 칭얼거림을
고스란히 짊어지고
어깨 구부정히
저녁을 짓던 어머니

하얀 쌀밥 고봉으로 퍼 담아
자식들 배불리 먹이려고
땅에 잠시 내려오셨구나

가난한 마을에
만발한 이팝.

춘분 지나서

꽃을 꺾지 마시오
꽃을 탐하는 사람이 많나 보다

들어가지 마시오
잔디를 짓밟는 사람이 종종 있나 보다

접근금지!
바다로 뛰어드는 사람이 간혹 있나 보다

내 안팎의 경계에는
어떤 팻말을 걸어둘까
함부로 드나들지 마시오, 라고?

아니다
부정의 규범보다는
긍정의 여유를 보여주자

여기는 입출구입니다
신발은 벗고 들어오십시오

신발을 신고 들어오더라도
내쫓지 않는
내 몸속 따뜻한 심장을 꿈꾸는 날
봄이 가깝게 다가오고 있었다

황혼에3

불끈 해 솟아오른다
누가 태어나는가

뉘엿뉘엿 해 떨어진다
누가 떠나가는가

해 흐르는 동안
그대는 어떻게 사는가
무엇을 사는가

삶은 방정식이 아니라서
순수인문학도 아니라서
답이 없다

답 없는 길이
길을 연다

벼랑 위에 핀 꽃
벼랑을 살듯이.

만가8

전철 안
노인 두 분 나란히 앉았다

다음 역에 내리려고
미리 일어서는 오랜 친구를
팔을 끌어 앉히며 꾸짖는다

서둘지 마
자빠지면 큰일나

함부로 걷다가 넘어져
여러 번 다친 나는
손잡이를 꽉 잡는다

억새는 늙을수록
부드러운 관절이
거친 바람을 누그러뜨려
쉬 꺾이지 않건만

사람은 시들어
낮은 문턱에 발끝만 걸려도
흔들

손잡이에는
세월을 붙잡고 곧게 서느라
낡은 지문들이 잔뜩 묻어 있다

슬픈 가로등

굽은 어깨
늘 그 자리

어둠을 밝혀줄
길손 없어도
길목을 여는

노동을 밤새도록 견디고
지쳐 돌아오는 새벽
졸음이 온몸을 덮치는

모든 자식의 아버지
당신입니다만

아내를 두들겨 패고
자식들에게 욕지거리를 퍼붓는
난봉꾼에 술주정뱅이 내 아버지는 아니기에

아버지가 없었던 나는
없는 아버지를 그리워하기는커녕
기억조차 안 합니다

초가을

채마밭에
채 자라지 않은
어린 무를
힘껏 단번에 뽑아
흙을 툴툴 털어내고
껍질을 손으로 둘둘 벗겨내어
한 입 베어 먹을 때
몸속 가득 번지는
오묘한 맛

싱그럽고
연하고
칼칼하고
담백하고
은근히 달콤한

봄을 놓치고
늦게 찾아온
첫사랑 같은.

가을 길목에서

훠이훠이
가슬이 다가온다

까슬까슬한 햇살 바람
가물가물 저무는 백일홍
슬슬 잎을 떨구는 가로수
가없이 빈 하늘

가을을 가슬이라고 부르던 사람
가만히 다가와
슬그머니 추억을 들추곤
다시 떠난다

떠나는 것이
다가오는 것보다 더 가까운
구월 끝자락에서
홀로 술상머리에 앉은 여자
미리 취하여
시월의 발자국 소리 듣는다

휘적휘적
그가 다시 돌아온다

*가슬: '가을'의 방언

비가9

한여름에
붕어빵장수
땀 뻘뻘 흘린다

식은 붕어빵은 쌓여만 가고

빵틀 하나가
전 재산이라서

식솔들은 배가 고프다

비 퍼붓는 날

더위를 데리고 갈 구월 중, 비 엄청 쏟아지는 날
장화를 신고 거리를 첨벙대며 도착한 카페에서 내다보는 창밖은
며칠 전 풍경이 아닌, 이국 어디로 여행 온 듯

비는 노다지 내리고 노다지 비를 맞으며 걷고 싶은
객기를 추스르며 주위를 둘러보니 모두가 이방인
바다 건너 멀리 이주해 온 듯

홀로 앉은 자리
홀로 마시는 커피
홀로 바라보는 풍경

'홀로'가 풍성한 여정이라서
쓸쓸하지만은 않고
누군가 다가오면 기꺼이
곁을 내어주는 여정은
또 홀로가 아니라서
넉넉하고

빗줄기에 얻어맞는 가로수들
거침없이 어깨 펴고
등 꼿꼿이 세운 채
여름에서 가을로 건너가고

카페로 막 들어서는 여자
원피스는 비 한 방울 젖지 않고
뒤따라 들어오는 남자
어깨와 등이 흠뻑 젖었다

자할

꼬리를 길게 달고 태어난
숙명

천적에게 쫓기고 쫓기다가
벼랑 끝에 닿으면
꼬리 한 토막 떼어주고

다시 자라난 꼬리
다시는 끊어지지 않아서
다시 쫓기는

다 떼어내지 못해
위태로운 몸

꼬리 없는
도마뱀은 없다

초대장

한 청년이 누군가를 기다리면서
커피를 마시는 중에
카페 여주인이 다가와 부탁한다

병 주둥이가 단단히 조여
꽉 찬 유자청의
진득한 당즙까지 달라붙어
요지부동인
병마개

청년은 손목에 온 힘을 모아
마개를 딴다

고맙다며
샌드위치 한 접시를 서비스하는 주인
고맙다며
맛있게 먹는 손님

손님이 드나들지 않는 내 집
냉장고에 처박혀 있는
오래 묵은 유자청 한 병

내 집 식탁에서 유자차를 나눠 마시는 날
그대는 손님
꽁꽁 닫힌 가슴을 열어줄 귀빈
마음 한 사발 대접하리라.

오월

불현듯 나비 날아들어
놀란 모란

채 마중도 하기 전에
안부도 나누기 전에

훌쩍 나비는 떠나고

휑한 빈자리
쓸쓸하지 않다

여전히
햇살 달콤하고
바람 싱그러워

떠난 나비만 애달프다

꽃에게

이왕 호명하려면
그냥 나비가 아니라
불나비라고 불러다오

떠돌지 않고
한 곳에 몰두하여
뜨겁게 만발하고 싶은
나를 진하게 불러다오

내 열기에
내가 타 죽더라도
불꽃처럼 사랑하고 싶은
나를 절절히 불러다오.

장미의 고백

활짝 피어났어요
향기도 듬뿍 내뿜어요

그런데 큰일났어요
큼직한 손 하나가 다가와
모가지를 꺾으려 해요

가시를 돋쳐
손가락을 찔렀어요

당황한 손
끝까지 가보자며
기어이 모가지를 꺾었어요

철철 흐르는 피
손가락에 맺힌 피와 섞여
혈연이 되어버렸어요

피들끼리 서로 통하여
묽은 게 진한 것으로 스며들어
사랑하게 되었어요

가시도 꽃이었어요.

어감처럼

'파란만장'이란 단어를 깊이 들여다보면
층구름 일렁이는 하늘
빗발 몰아치는 들판
파도 넘실대는 바다
눈발 휘날리는 숲
깃발 출렁이는 광장 같아서
가슴 속 바람이 들고일어나
어둠을 쓸어내고
빛살을 깔아놓을 듯

넓고 깊어지려면
회오리를 가라앉히려면
세상을 바꾸려면
삶을 뒤집으려면
파란만장해야 하는 거

오늘 폭풍우 휘몰아쳐
내일은 햇살 난만하리라.

막장드라마

남자가 와이셔츠 소매를 걷고
허리에 맨 혁대를 풀어
웅크려 앉은 여자를 마구 때린다

남자의 가학성에 시달리고 질려
도망치다가 붙잡힌 애인을
개 패듯 팬다

실내는 운명교향곡이 흐르고
남자의 애견 불독이
무심히 현장을 건너다본다

조직의 우두머리에게서 빠져나오고 싶은
우두머리가 사랑하는 여자
우두머리를 사랑했던 여자는
기어이 스카프로 목을 맨다

생일 선물로 주고받았던
혁대와 스카프

홀로 남은 남자
클래식 볼륨을 높이곤
줄담배를 피운다

땅에 엎드린 충견
눈빛 곤두세우곤
서성거리는 주인을 유심히 지켜본다

겨울억새에게

황량한 들판
서릿바람 속에서
흩날리는 옷자락 그대로
헝클어진 머리칼
너도 황량하다

펑 뚫려
햇살마저 시린
허공을 흐르는 새
땅을 박차고 올라
길을 열건만
너는 아직도
어디로 가야하나 망설이며
제자리를 돌구나

얼마나 더 오래
너를 들여다보아야
날개가 돋으려나

너를 새
으악새라 부를게
날개 대신 바람을 타고
으악으악 우렁차게
날아가거라 따뜻한 곳으로

그만하면 됐다

* 으악새: '억새'의 방언

느슨해진다는 것

푸른 등이 깜빡이는 건널목을
서둘러 건너가지 않는

맛있고 달콤한 것일수록
천천히 먹고 마시는

화내기 전에
화 난 이유를 곰곰이 따져 보는

오지 않는 잠을 재촉하지 않고
오리라 믿으며 기다리는

풍경 속으로 빠지지 않고
멀리서 바라보는

꽃을 꽂기 전에
여백을 먼저 들이는

굳이 기쁘지 않아도
여흥의 술잔을 들이키는

희로애락의 여정을
급행 아닌 완행으로 즐기는

세월이 산메아리처럼
잔잔히 번지는 나이테.

- 후기 -

시작詩作만큼
시집에 담을 시를 고르는 작업이
어렵고 힘들어
글멀미를 앓는다

앓는 동안에도
멈출 수 없는 시작
다시 늘어나는 파지

늘어나는 만큼 기다린다
고르고 고른 시들 중
단 한 편이라도 공감하여
위로받는 독자를.

신덕엽 제18시집

몸에서 빠져나간 봄이

초판1쇄 발행 2025년 1월 3일

지은이 신덕엽
펴낸이 이길안
펴낸곳 세종출판사

주소 부산광역시 중구 흑교로 71번길 12 (보수동2가)
전화 051-463-5898, 253-2213~5
팩스 051-248-4880
전자우편 sjpl5898@daum.net
출판등록 제02-01-96

ISBN 979-11-5979-706-4 03810

정가 11,000원

이 책은 저작권법에 따라 보호받는 저작물이므로 무단전재와 무단복제를 금지하며, 이 책 내용의 전부 또는 일부 내용을 재사용하려면 사전에 저작권자와 세종출판사의 동의를 받아야 합니다.

* 잘못된 책은 교환해 드립니다.